Dieux et déesses hindous

Introduction aux divinités hindoues

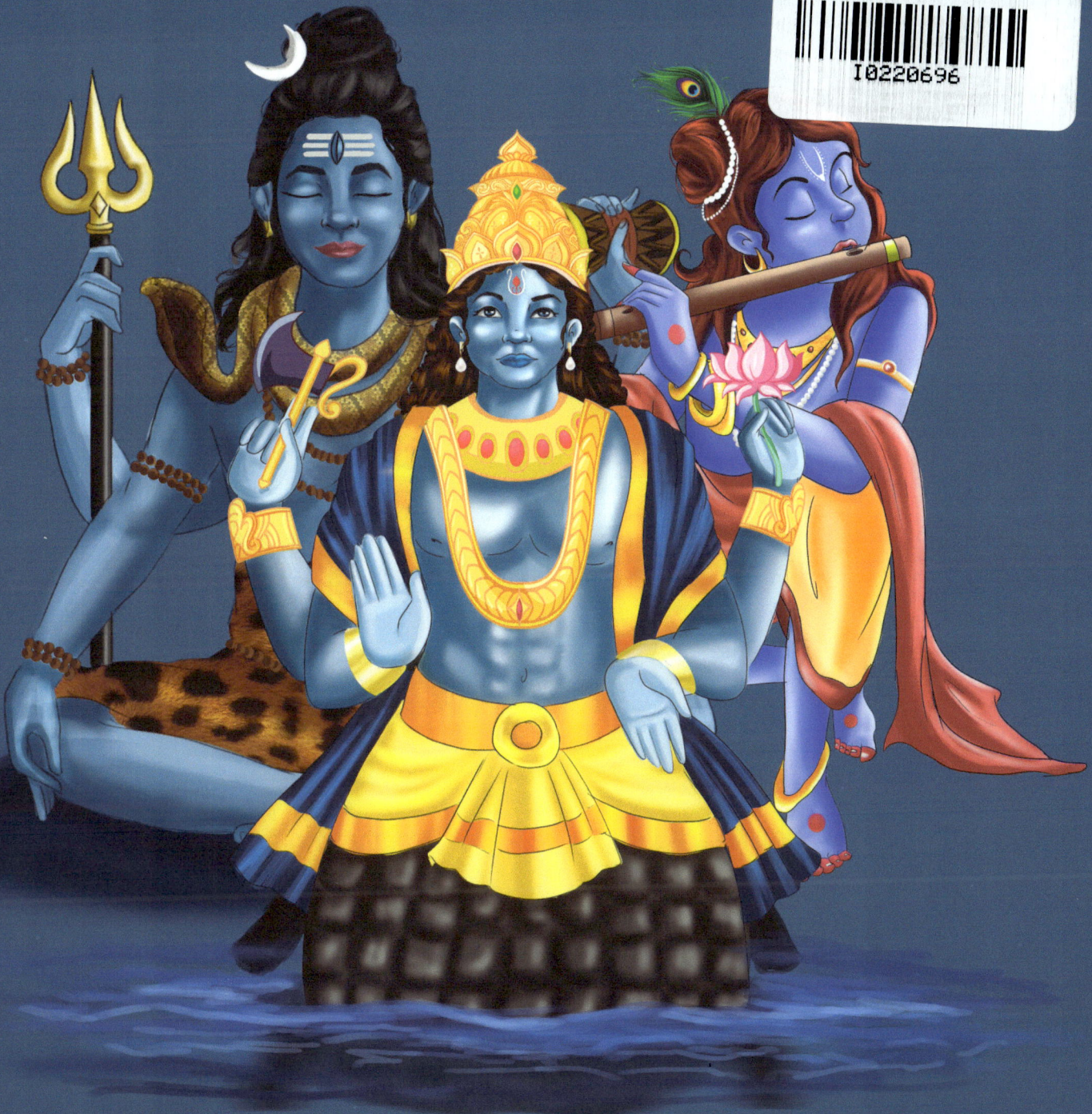

VIVIKTHA VENKATANARASIMHARAJUVARIPETA

Illustré par SANSKRITI SHUKLA

Agni

Agni, nella mitologia indù, è il dio del fuoco e una delle divinità più importanti. Viene raffigurato con un aspetto infuocato, spesso accompagnato da due teste e braccia multiple.

Si ritiene che Agni abbia il potere di trasformare e purificare e che sia centrale nei rituali e nelle offerte. È anche visto come un mediatore tra gli uomini e gli dei, che porta preghiere e sacrifici al cielo.

Sono riconosciute anche le capacità distruttive di Agni, in quanto il fuoco ha il potenziale di causare grandi danni.

Nel complesso, Agni è venerato come simbolo di energia, vitalità e trasformazione.

Brahma

Brahma è una divinità importante dell'Induismo, spesso indicata come il creatore dell'universo.

È una delle Trimurti, insieme a Vishnu e Shiva, che rappresentano rispettivamente gli aspetti di creazione, conservazione e distruzione.

Brahma è raffigurato con quattro teste, che simboleggiano la sua vasta conoscenza e saggezza, e quattro braccia, che rappresentano i quattro Veda.

Nonostante il suo status di divinità principale, il culto di Brahma è meno comune nell'Induismo moderno rispetto a Vishnu e Shiva.

Durga

Durga è una dea potente, nota per la sua forza, il suo coraggio e la sua natura feroce. È raffigurata come una dea guerriera, spesso rappresentata a cavallo di un leone e mentre brandisce armi con le sue molteplici braccia.

Si ritiene che Durga sia stata creata dagli dei per sconfiggere il demone bufalo Mahishasura, simboleggiando il trionfo del bene sul male. Incarna l'energia femminile ed è venerata come madre divina, che fornisce protezione e guida ai suoi devoti.

Durga viene celebrata durante il festival di Navaratri, dove vengono onorate le sue varie forme e attributi. Rappresenta l'incrollabile determinazione ad affrontare le sfide e a superare gli ostacoli, a significare il potenziamento e la trasformazione.

Ganesha

Ganesha è una divinità ampiamente venerata, conosciuta come il rimuovitore degli ostacoli e il dio degli inizi. È raffigurato come una figura con la testa di elefante e il corpo arrotondato e panciuto.

Ganesha è spesso raffigurato con più braccia, che reggono vari oggetti simbolici come un fiore di loto, un'ascia o un modak (un dolce).Viene anche raffigurato a cavallo di un topo, il suo veicolo divino.

Ganesha è venerato per la sua saggezza, il suo intelletto e la sua capacità di superare le sfide. Viene venerato prima di intraprendere qualsiasi nuova impresa o di cercare il successo in vari aspetti della vita.

Ganesha è molto considerato nell'Induismo e viene celebrato durante la festa di Ganesh Chaturthi, dove i suoi idoli vengono decorati in modo elaborato e venerati dai devoti.

Hanuman

Hanuman è una divinità molto amata, nota per la sua incrollabile devozione e la sua forza ineguagliabile. È raffigurato con il volto di una scimmia e un corpo muscoloso, spesso rappresentato in una tonalità rossastra.

Hanuman è venerato come l'epitome della lealtà, del coraggio e dell'altruismo. Ha avuto un ruolo cruciale nell'epopea del Ramayana, dove ha aiutato il Signore Rama nel tentativo di salvare la moglie Sita dal re demoniaco Ravana.

Hanuman possiede poteri straordinari ed è considerato la divinità protettrice dei lottatori, degli atleti e di coloro che cercano forza e protezione dagli ostacoli.Viene venerato con grande riverenza e devozione, in particolare il martedì, e il canto popolare "Jai Hanuman" viene recitato dai suoi devoti per chiedere la sua benedizione e la sua guida.

Krishna

Krishna è una delle principali divinità venerate per la sua bellezza divina, il suo fascino e il suo ruolo di ottavo avatar del Signore Vishnu. È raffigurato come una figura dalla pelle bluastra, con un volto sorridente e adornato con piume di pavone tra i capelli.

Krishna è solitamente raffigurato mentre suona un flauto, a simboleggiare il suo amore per la musica e la sua capacità di incantare gli altri. È noto per le sue buffonate da bambino e per i suoi insegnamenti nell'epico Mahabharata, dove impartisce profonda saggezza e comprensione al suo discepolo Arjuna, sotto forma di Bhagavad Gita.

Krishna è venerato come l'Essere Supremo, portatore di amore, gioia e felicità, ed è ampiamente venerato per la sua divina giocosità, compassione e guida nella conduzione di una vita retta. I suoi devoti celebrano feste come Janmashtami e Holi con grande entusiasmo e devozione.

Kurma

Secondo avatar del Signore Vishnu, Kurma assume la forma di una tartaruga gigante per sostenere il peso del Monte Mandara durante il rivolgimento dell'oceano da parte degli dei e dei demoni.

Questo evento epico, noto come Samudra Manthan, ha lo scopo di recuperare l'elisir dell'immortalità e simboleggia stabilità e resistenza, Kurma è alla base della creazione dell'universo e rappresenta l'importanza dell'equilibrio e della pazienza nella vita.

Kurma è spesso raffigurato come una maestosa tartaruga dall'aura divina ed è venerato per il suo ruolo nel plasmare il mondo e mantenere l'ordine cosmico.

Lakshmi

Lakshmi, la dea induista della ricchezza, della prosperità e della fortuna, è una delle divinità più venerate e adorate della mitologia indiana.

Ritenuta la consorte del Signore Vishnu, Lakshmi è raffigurata come una dea bella e di buon auspicio con quattro braccia, spesso con in mano fiori di loto e altri simboli di abbondanza.È associata all'idea di ricchezza materiale e spirituale, oltre che di fertilità e fortuna.

I devoti cercano la sua benedizione per ottenere prosperità finanziaria, successo e benessere generale nella loro vita.

Lakshmi viene celebrata durante la festa di Diwali, dove si ritiene che la sua presenza porti gioia e prosperità nelle case e nelle aziende. Come divinità che rappresenta l'abbondanza, Lakshmi incarna gli ideali di prosperità, generosità e crescita spirituale.

Kali

Kali è una dea temibile e potente della mitologia indù. Viene spesso rappresentata come una figura dalla pelle scura, con capelli selvaggi, la lingua sporgente e una ghirlanda di teste umane.

Kali è l'incarnazione della libertà, della distruzione e del tempo; è la distruttrice delle forze del male ed è spesso associata alla morte e alla trasformazione.

Nonostante il suo aspetto terrificante, Kali rappresenta anche l'amore materno e la protezione, soprattutto nei confronti dei suoi devoti.

Kali viene spesso invocata nei momenti di crisi o quando si cerca di superare degli ostacoli, poiché si ritiene che la sua energia sia feroce e trasformativa.È una divinità complessa e sfaccettata, che incarna sia gli aspetti distruttivi che quelli nutritivi del divino femminile.

Narasimha

Narasimha è una divinità di spicco della mitologia indù che combina forme umane e animali. Nella sua forma, ha la testa di un leone e il corpo di un uomo.

Narasimha è considerato la quarta incarnazione del Signore Vishnu e simboleggia la protezione divina e la giustizia. Viene spesso venerato per il suo coraggio e la sua capacità di distruggere le forze del male.

Narasimha è noto per la sua ferocia, poiché è famoso per aver sconfitto il re demone Hiranyakashipu, che stava causando il caos e tormentando il mondo.

I devoti cercano la sua benedizione per superare gli ostacoli e la paura e per sperimentare la protezione divina e la liberazione.

Narasimha viene venerato durante la festa di Narasimha Jayanti, in cui i suoi devoti offrono preghiere e compiono rituali per onorare la sua presenza divina.

Nataraja

Nataraja è una divinità importante nella mitologia indù, che rappresenta il Signore Shiva nella sua forma di danza cosmica.

In equilibrio su una gamba sola, Nataraja esegue il Tandava, una danza vigorosa e dinamica che simboleggia il ciclo continuo di creazione, conservazione e distruzione dell'universo.

Si ritiene che la danza di Nataraja mantenga l'ordine cosmico e il ritmo della vita.

La mano superiore destra di Nataraja tiene un tamburo, che simboleggia il suono della creazione, mentre la mano superiore sinistra tiene una fiamma, che rappresenta la distruzione.

Nataraja è anche raffigurato con un piede alzato, che schiaccia trionfalmente l'ignoranza e l'illusione.

I devoti spesso adorano Nataraja per cercare ispirazione, illuminazione spirituale e trasformazione attraverso il simbolismo della sua danza divina.

Rama

Rama è una divinità venerata, riconosciuta come il settimo avatar del Signore Vishnu. È raffigurato come un re ideale, un marito devoto e un figlio doveroso.

Rama è noto per i suoi incrollabili valori morali, la sua rettitudine e il suo impegno a sostenere il dharma (la rettitudine). Viene spesso raffigurato con arco e frecce, a simboleggiare la sua abilità di guerriero.

L'epico viaggio di Rama, come descritto nelle scritture indù Ramayana, è una storia di trionfo sulle avversità e di vittoria finale del bene sul male.

L'esilio, il salvataggio della moglie Sita dal demone Ayodhya come legittimo sovrano sono tutti capitoli significativi della sua vita.

Rama rimane un'incarnazione del coraggio, dell'onore e della virtù e i devoti lo venerano come incarnazione della coscienza divina e fonte di ispirazione per condurre una vita retta.

Saraswati

Saraswati è una dea venerata nella mitologia indù, conosciuta come incarnazione della conoscenza, della saggezza, della creatività e delle arti. Viene spesso raffigurata come una divinità bella e serena, vestita di bianco, simbolo di purezza e illuminazione.

Saraswati è raffigurata mentre suona la veena, uno strumento musicale a corde, a significare l'armoniosa fusione di arti e intelletto. Si vede anche un libro in mano, che rappresenta i Veda, le antiche scritture della conoscenza.

Saraswati è venerata da studenti, studiosi e artisti che cercano la sua benedizione per ottenere saggezza e ispirazione. In quanto dea dell'apprendimento, si ritiene che guidi e illumini coloro che si dedicano alla ricerca della conoscenza, dell'istruzione e delle arti.

Shakti

Shakti è una forza potente e divina spesso personificata come l'energia o l'aspetto femminile dell'Essere Supremo, Brahman. Conosciuta anche come Devi o Grande Dea, Shakti è l'essenza creativa e nutritiva che permea l'universo.

È raffigurata in varie forme e manifestazioni, come Durga, Kali, Lakshmi e Saraswati, ognuna delle quali rappresenta aspetti diversi del suo potere. Shakti è allo stesso tempo gentile e feroce e incarna le qualità della compassione, della forza e della protezione.

È venerata dai devoti che cercano di ottenere potere, trasformazione e liberazione. Shakti è venerata come la fonte di ogni energia, la forza motrice della creazione e il catalizzatore del risveglio spirituale.

La sua presenza e le sue benedizioni sono invocate in rituali, cerimonie e preghiere volte a sfruttare il suo potere di trasformazione e ad allinearsi con l'energia universale.

Shiva

Shiva è una delle divinità più potenti e significative della mitologia indù. Spesso chiamato il Distruttore o il Trasformatore, Shiva fa parte della sacra trinità degli dei indù, insieme a Brahma e Vishnu. È venerato come l'Essere Supremo, che rappresenta le qualità maschili e femminili della creazione e della distruzione.

Shiva è raffigurato come uno yogi, solitamente in profonda meditazione o nella sua forma feroce nota come Nataraja, il Signore della Danza. È adornato con una mezzaluna sulla testa, che simboleggia il ciclo del tempo, e porta un serpente al collo, che rappresenta il suo controllo sull'ego e sul desiderio.

Shiva è associato al Monte Kailash, dove si ritiene che risieda con la sua consorte, la dea Parvati. I devoti di Shiva cercano le sue benedizioni per il risveglio spirituale, la liberazione e la protezione. È noto per la sua profonda saggezza, il suo distacco dagli attaccamenti mondani e il suo ruolo di guida per i cercatori sulla via dell'illuminazione spirituale.

www.ingramcontent.com/pod-product-compliance
Lightning Source LLC
Chambersburg PA
CBHW042022080426
42735CB00003B/140